파란 아이섀도

파란 아이섀도

2025년 7월 31일 제 1판 인쇄 발행

지 은 이 | 이승은
펴 낸 이 | 박종래
펴 낸 곳 | 도서출판 명성서림

등록번호 | 301-2014-013
주   소 | 04625 서울시 중구 필동로 6(2층·3층)
대표전화 | 02)2277-2800
팩   스 | 02)2277-8945
이 메 일 | msprint8944@naver.com

값 10,000원
ISBN 979-11-7439-020-2

※ 본 책의 구성 및 맞춤법, 띄어쓰기는 작가의 의도에 따랐습니다.
※ 이 책의 저작권은 저자와 도서출판 명성서림에 있습니다.
※ 이 책 내용의 일부 또는 전부를 재사용하려면 반드시 저자와
   도서출판 명성서림의 동의를 얻어야 합니다.
※ 무단 전재 및 복제를 금합니다.
※ 파본은 바꾸어 드립니다.

파란 아이섀도

이승은 시집

도서출판 명성서림

작가의 말

『가시에서도 꽃이 핀다』로 등단한 이후,

마음속에 고이 담아두었던 이야기들을 꺼내어

다시 여러분 앞에 섭니다.

이 시가 누군가의 마음에도 조용히 닿아,

조용한 치유의 시간이 되기를 바랍니다.

2025년 여름

이승은

1 가시에서도 꽃이 핀다

첫사랑 13
눈물 14
사랑이라는 아픔 속에서 16
나의 아들 18
어느 할머니의 감추고 싶은 내일 20
기다림 그것 22
가시에서도 꽃이 핀다 23
나 24
사랑 그것은 26
그리움 27
나무 28
동백꽃 29
푸른 여름 나무의 속삭임 30
동백섬 31
하얀 눈보라 32
찔레꽃 33
화장 34
하얀 조약돌 35
가을의 속삭임 36

2 달빛 그림자

갯바위 꿈	41
달빛 그림자	42
고독의 찬가	43
내 마음의 유니콘	44
푸른 해변	45
우수	46
필연	47
등대	48
어둠 속의 불빛	49
거리의 천사	50
사랑이란	51
파란 아이섀도	52
이별의 향연	53
인생의 노래	54
가슴에 피는 장미	56
소년의 세레나데	58
인생은 봄	59
세월	60
은행잎	61

3 희망의 불씨가 되어

샛별	65
장미	66
추억의 눈물	67
희망의 불씨가 되어	68
딸과의 약속	69
사랑의 속삭임	70
노을	71
사랑이라는 아픔 속에서	72
나무	73
동백꽃	74
소녀의 마음	75
세월 2	76
벚꽃	77
갈대	78
준비된 이별	79
눈이 내리면	80
첫눈	82
앙상한 겨울나무	84
마지막 잎새	86

어머니의 주름

마음의 흔적	91
눈 오는 날의 약속	92
역경은 선물	93
홀로 핀 민들레	94
대청댐	95
가을이 남긴 교훈	96
사랑의 기쁨	98
어머니의 주름	100
실개천	102
봄의 소식	104
가을이 다가오잖아	106
너와 나	107
가을 속의 빛바랜 이별	108
엄마의 수박	109
갈대의 순정	110

제1부

가시에서도 꽃이 핀다

첫사랑

살아가면서
못 이루어진 사랑은 누구나
한 번쯤 간직하게 되잖아
바로 그게 처음 눈 뜬
첫사랑인가 봐

진정한 사랑을 느낄 수 있는 사람만
첫사랑의 의미를 알게 되더라고

첫사랑은 말이야
누구나 숨기고 간직하고 싶은
애절하고 부끄러운 마음이 있어

그저 소중한 추억의 한 장면이지
설렘 그 자체를 기억하는 게
첫사랑이지

눈물

눈물 말이지
슬픔과 애절함을 아는 사람만
눈물을 흘릴 수 있는 거야
그 외는 가식 눈물이지

제대로
진정한 사랑을 느낄 수 있는 사람만
눈물이 왜 소중한지
그 의미를 알게 되는 거야

인생을 살다 보면 누구나
눈물은 어느새
소중한 보석이며
보약이 되는 거야

그 눈물이
소중한 씨앗이 되고
보석이 되면 비로소
눈물의 결실을 보고
행복을 찾을 수 있는 거야

참 눈물이란
교훈도 되고 거울도 되는 거지

사랑이라는 아픔 속에서

사랑이라는 것은
아픔의 씨앗이야
눈물조차 제대로
흘릴 수 없어

그때 그 미소
그 손길 하나하나
다시 안아볼 수 있다면
바로 사랑이며
참 행복 아닐까

누군가는 그 아픈 사랑이
초라하다거나 손가락질했던
사랑이었을 거야
그러나 너와 나의 사랑은
진정한 사랑이었잖아

하나밖에 없던 우리
둘만의 아름다웠던 순간이었지

기억나?
조금은 아쉽고 씁쓸했던
바람과 같던
사랑이었을지도 모르지만
그 바람
가슴속에서 영원히
간직하며 살아왔어

그 사랑
끝까지 지키며 살아갈게

나의 아들

묵묵히 조용히
무심한 듯 쳐다본
하나밖에 없는 너의 첫인상
군 입대한 후 첫 휴가 나온 후
그 첫 대면에서 싱긋이
웃음을 보여준 듬직한 너

그 웃음은 우리 가정을 지키는
든든하고 기둥이 된 비로소
듬직한 파숫꾼이 되었어

어느덧 세월이 흘러
너와 꼭 닮은
작은 붕어빵을 낳아서
돌잔치를 하였으니 나는
어느덧 할머니가 되었더라

엄마는 비록 너를 잘 몰랐지만
너는 엄마에게 있어
세상에 둘도 없는 붕어빵이지

영원한 사랑 아들아
곁에 있어 주기만 해도 고마워
서로가 주춧돌이 되고 있는
듬직한 사랑하는 아들아

어느 할머니의 감추고 싶은 내일

터벅 터벅
오늘도 할머니는 힘든 몸을
이끌고 집으로 향하신다

저 멀리서 엄마~ 외치며 가는
아들의 발자국은 멀어져만 간다

젖 먹던 힘까지 주며
한 발 한 발 애처로이 걸으며 가시는
처량한 뒷모습 속에서
왠지 측은함이 묻어난다

고단한 듯 힘겹게 거니시지만
속마음은 다르다

이 발걸음이 내일도
함께하길 바라시며
오늘도 한 걸음 한 걸음 나아가신다

내일이 있으니까
그다음 내일은
덜 아프시길 바라며

기다림 그것

사랑은 그냥 찾아오는 줄 알았지
마음이 아파서 흘리는
눈물이야

마음이 치유될 수밖에 없는
자유로운 거더라

사랑을 느낄 수 있는 사람만
그 눈물의 의미를 알고 있더라

상처는 크면 클수록
아프고 고통스럽지

그게 또 아물고 아물어져
삶의 디딤돌이 되더라

가시에서도 꽃이 핀다

가시에서도 꽃이 핀다고 한다
척박하고 좌절 속에 빠진 나날들
그러나 버티고 이겨 내다보면
인내가 있는 그 자리에
어느 날 화사하게
꽃이 피어난다

가시가 꼭 아픔만을
주는 것만은 아니었지
스스로 가시가 되어
자신을 지키며 가꾸어
순결한 꽃도 피고
가시에 찔린
삶의 고통 속에서도
언젠가는 보람 있는
꽃이 피어난다

나

외로이 아슬아슬하게
오늘도 낭떠러지에 서 있네
흔들리는 촛불처럼 타 버리며
순진한 아기처럼 하염없이 내뱉는다

일어나자
이겨 내자
힘내자
무너지면 세상은 조롱하고 비웃겠지
하지만 나는 강하다
아내이자 어머니이자 무엇보다
악착같이 살아온 내 인생의 주인공
여자이니까

누군가가 날 초라하다고
손가락질하여도
한순간 삶의 무게가 버겁다 하여도
난 다시 일어난다

오뚝이처럼 다시 선다
난 나니까
이 세상에 하나뿐인
단 한 사람 나니까

사랑 그것은

사랑 그것은 기다림이 아닐까
느릿느릿 움직이며
굼벵이같이 다가오는 듯
천천히 조금씩 다가와

근데 말이지
나에겐 사랑은
하얀 눈을 밟고 조심히 다가오는
차가운 겨울 같고
조금은 매섭기도 하고
아픈 순간도 있어

그런데 또 어느 순간
벌써 영원한 사랑을 주는
튤립 같은 아름다운 것이지

이상한 것 같지만
그게 영원한 사랑이야

그리움

보고 싶었어
애처롭게 느끼고도 싶었어
얼굴 한 번만이라도 봤으면 좋겠어

어느 순간엔 눈물처럼
흐르기도 하고
그보다 더 큰 폭포수처럼
쏟아지는 느낌의 이 감정

보고 싶다
느끼고 싶다
심장이 다시 뛰듯이
되살아나는 이 감정

다시 또 볼 수 있을까
그건 잘 모르겠지만
이 가슴속엔
분명히 자리 잡고 있더라

아련히 밀려오는 그때 그 시절
지나간 추억 속 옛 향수처럼
느끼고 싶어

나무

비바람도 견디고
눈보라도 맞고
태풍에 시달리고
폭우에도 흠뻑 젖고
벼락까지 맞으며
한 그루의 꿋꿋한 나무가 자라더라

결국 아름다운 열매를 맺었지

인간도 마찬가지 아냐
나무처럼 온갖 시련 겪으면서
비로소 올바른 한 인간이 되는 거지

우리 인생 결코 쉽지만은 않잖아

그래도 우리 말이야
일어나자
이겨내자
힘내자

그렇게 살다 보면
꿋꿋하고 빛나는 인생이 되겠지

동백꽃

엄마의 자그마한 눈에
가시가 피었어
숨기려 해도 숨겨지지 않아

아버지에 대한 원망과
분노
눈물로 삼킨
엄마의 가슴속에
아버지에 대한 한이
서리꽃으로 물들었어

평생을 가장으로서 고생만 하신 엄마
자식들은 엄마의 고충을 모르고
누구 하나 제대로
잘 들여다보지 않았어

그 온갖 고난 역경을 다 견딘
엄마의 마지막 두 눈 속에
붉디붉은 동백꽃이 피었어
그 얼굴이
참 곱고 아름다웠어

푸른 여름 나무의 속삭임

하늘빛 바랜 사이로
여름날 짙어진 녹음의 나무가
아름다운 장관을
뽐내고 있는 것 같아

푸른 여름날의
우거진 나무들
사이사이로 서로를
꼭 끌어안듯
당기는 것처럼
정답게 다가서고 있어

생동감 넘치게
더위를 식혀 주며
우리에게 시원한 그늘을
말없이 내어주는 아름다운 나무들

그 나무들이 우리에게 손짓하며
기다리고 있는 것 같아

동백섬

갯바위 위
홀로 있는 동백섬에
붉디붉은 동백꽃이 피었어

붉은 동백꽃 필 무렵에나 오시려나
홀로 애타게 오늘도 그리워하며
추운 밤을 섬에서
쓸쓸히 보내고 있어

그 누가 알아주랴
그저 갈매기가 떼 지어 울며
그 섬엔 외로운
붉은 동백꽃만 피어 있을 뿐이야

동백섬은 그리워하는 이들에게
안녕 어서 와
살며시 손짓하는 것 같아

하얀 눈보라

하얀 눈보라 속에서도
두 손을 잡고 서로의 체온을
느꼈어

품에 안기며
더할 나위 없이 따뜻했고
행복이 바로 이거구나
생각했어

겨울은 어떤 사람한텐
빈곤의 생활일 수 있지만
넉넉하지 않은 우린
같이 있다는 것만으로
매서운 추위를
이겨 낼 수 있었어

눈보라 휘날리는 순간 속에서도
우린 예쁜 사랑을 속삭였어
진짜로 너 많이 예쁘구나

찔레꽃

보고 싶어서
아무리 불러봐도
어머니의 빈자리만 남아 있더라

온 정성 다해서
끝까지 놓지 않으셨던
금쪽같은 자식이
바로 나였어

어머니의 마지막 모습에선
그저 무조건적인 사랑만
있는 줄 알았는데
왠지 모르게
배신감이 밀려오고
상처만 남아서
결국 눈물 흘리는
찔레꽃이 되어
떠나가셨지

화장

한평생 치장의 분 한 번
바르지 못하고 지내시더니

화려한 색조의
손놀림으로 분신할 때
귓전을 울리는 소리에
지그시 감으신 눈

마치 새색시마냥
곱디고운 피부가 되어

아름다운 모습으로
꽃피우시고
떠나가셨어

하얀 조약돌

하얀 파도 위에
조약돌 하나가 놓여 있어
거센 파도가 휘몰아쳐도
조약돌은 그 자리에 가만히 있고
다치지 않아

그 조약돌 위에 우리는
사랑을 남겨 놓고
이 조약돌처럼 변하지 않고
꿋꿋하게 지켜 나가자고 약속했어

조약돌은 우리 사랑을
하얀 파도에 씻겨 내려가면서
더더욱 반짝반짝
빛나게 해 주고 있어
눈부신 백조처럼 아름답게 말이야

가을의 속삭임

부스럭 부스럭
바스락 바스락
낙엽 밟는 소리가
내 귓가에 살며시 들려와

가을도 끝자락에 와 있어
긴 더위를 이기고
허전하고 쓸쓸한 바람이
불어오지만

고독한 계절이잖아
그래서 자기만의 생각과 감성을
조용히 느끼며
만끽하게 되는 것 같아

나에게 아름다운 신이 주신
아주 소중하고 선물 같은 계절이야

푸른 하늘
곡식 익어가는 소리
아름다운 연인들의 속삭임까지

제2부

달빛 그림자

갯바위 꿈

고기잡이 나간 어부의
만선을 기다리는 갯바위
그 혼이 있어

홀로 있는 갯바위는
아무리 거센 파도가 찰랑찰랑
철썩철썩 세차게 부딪혀도
누가 아무리 뭐라 해도
유혹해도 넘어가지 않고
절대 흔들리지 않고
그 자리에 있는 절개가 있어

그게 갯바위의
일편단심 같은 절개야
요즘 사람들은
순정조차 찾아보기
매우 드문 세상이야

오늘도 갯바위는
어부의 만선을 기다릴 뿐이야
하염없이... .

달빛 그림자

밤만 되면 나는
달빛 그림자가 되어 나타나

샛별 사이로
달빛 그림자랑
별빛 그림자가 섞여서
은하수가 되어
내 그림자도 점점
어두운 그림자가 되지

일출이 시작될 무렵엔
어느새 어두운 그림자는
환한 햇볕이 다가와
조용히 사라져

우리 인생도
환한 햇볕 그림자로
아름다운 인생을 엮어 가는
그런 삶이 됐으면 좋겠어

고독의 찬가

혼자 있을 때쯤이면
고독을 좀 즐기곤 해

오늘도 어김없이
혼자가 되어 고독하게
베토벤의 운명 교향곡을 틀어놓고
나름 생각해 봐

그도 혼자만의
아픔과 고통 외로움을 느끼며
이 음악을 만들었을 거야

난 믿어
베토벤의
그런 위대한 음악처럼
나도 언젠가는
숭고한 시를 쓰는
아름다운 시인이 될 거라고

내 마음의 유니콘

내 마음 안에서
살아 숨 쉬는 한 줄기 꽃잎처럼
끈끈한 생명력인
강한 동백꽃이 되고 싶어

들국화같이 작게 피어나는
인생도 살아보고 싶어

가슴속에
장미 꽃봉오리 같이
피어나는 작은 아름다운
사람도 되고 싶어

그런 사람이야말로
이 세상을 환히 비추는
내 마음의 유니콘이 아닐까

푸른 해변

푸른 파도 위에 갈매기들이
해변가를 맴돌며
자유롭게 날아다니고 있어

해변의 모래사장은
푸른 바다의 정취를 뽐내며
분위기를 한껏 고조시키고 있어

연인들이 손을 잡고
마주 보며 걷는 모습은
아름답고 사랑스러운 속삭임이야

푸른 바다의 파도 소리랑
어우러져서 더 예쁘고
아주 멋진 낭만적인 그 자체야

우수

어느 여름날 오후
창밖 사이로 비가 내리고 있었어

난 따뜻한 아메리카노
커피 한 잔을 마시며
다정하게 너랑 마주하여
창밖을 바라보았지
우린 우수에 젖어들었어

외롭지 말라고
따뜻한 동행이 되어 주겠다고
비는 나에게 속삭이듯
말해 주는 것 같았어

우린 행복한 타임머신을 탄 듯
옛 추억이 아름다운 한 편의 시로
내 마음을 촉촉이 적셔 주던
어느 여름 비 오는 날 오후였지

필연

앳된 시절
그녀는 너무 예뻤어
긴 머리 휘날리면
그녀의 아름다운
아카시아 그 향기
아직도 생생히 기억나

아직도 난 그 시절로
돌아간다면 필연이었을까
아니 우연이었겠지

우연이라도 그 소녀를 보고 싶어
자꾸만 창밖을 바라봐
괜히 그 시절의 그녀를
생각하며 추억에 잠겨

아카시아 그 향기가
자꾸 그리워

등대

저 멀리 바다 한가운데
등대가 어두운 바다를
환하게
외로운 내 마음을 아는 듯
불빛을 비췄어

등대는 뭘 해야 하는지
알 수 없지만
어두운 배에게
내가 있으니 조심하며
뱃머리쪽에 오라고
손짓했어

등대는 말했지
환한 불빛이 있으니
내게 오라고

어둠 속의 불빛

어둠은 있어
그 어둠은
잠시일 뿐이야

우린 내일의 밝은 불빛으로
살아 숨 쉬며 나아가잖아

긴 터널처럼 깜깜한
어둠 속에 있기도 하지만
터널 끝엔 꼭 밝은 불빛이
따뜻하고 즐거운 빛으로
우릴 지켜주며
보호해 주고 있어

어둠 속은 있지만
새로운 세상을 만들 거야
그리고 꼭 필요한
아름답고 아늑한 불빛으로
우리가 직접
바꿔 가도록 해야 해

거리의 천사

우리 동네 거리엔
천사가 있어

연말이 되면
구세군의 종소리랑
제야의 종소리가 울릴 때쯤
거리의 천사들이 많아져

어려운 이웃에게
조건 없는 사랑을 나누지

우리의 환한
미소가 번지는 거리엔
아름다운 천사들이 있어

사랑이란

사랑이란 뭘까
주고받는 감정뿐만이 아닌
살아 숨 쉬는 소중한
연결의 끈 같은 거야

풋사랑도 멋지지
때 묻지 않고 순수하고 설레잖아
충분히 아름다워

사랑에는 여러 가지가 있지만
이 세상 살아가는 동안
서로 마음을 나누며 결실을 이루는 게
아름다운 사랑인 것 같아

파란 아이섀도

아버지의 애장품은
단 하나뿐인 야구 방망이야
그거만큼은 항상 분신처럼
손에 꼭 쥐고 놓지 않았지

어머니의 애달픔은 뭔지 알아?
눈가에 찰싹찰싹 발랐던
파란 아이섀도

눈가에 송글송글 맺힌
아련한 이슬방울들
나한텐 한없이 아픈
어머니의 심장이었지

파란 아이섀도
감추고 싶었지만
어머니의 화장이었어
마음을 보여 주는 색이었지

이별의 향연

아름다운 이별의 문턱에
서 있는 것 같아

뜨거운 눈물 흘리며
영원하자던 그대의 약속은
이별이라는 아픔 속에서
지워져 가더라

빛바랜 추억의
낙엽을 남긴 채
새빨간 가을빛 노을은
마치 춤의 향연처럼
석양을 노랗게
물들이고 있었어

결국은 이별의 향기만 남긴 채
사라지더라

인생의 노래

누구나 아픈 거야
그럴 땐 노래를 불러

머언 발치라
잘 들리지는 않겠지만
그 노래는 우리 마음속에서
애절하게 울리며 노래해

신나는 노래라도
때론 구슬프게 들릴 때도 있어
노랫가락 소릴 들으면
힘이 날 때도 있어

깊이 있는 노래를 들으며
힘차게 나아가

답이 없는 거야
시냇물처럼
자연스럽게 흘러가듯
그런 거야

아프더라도 좌절하지마
마냥 아픈 것만도 아니야

그저 아픔을 딛고
깊이를 깨달을 때
노래를 부르며 이겨 내

가슴에 피는 장미

인생은 추억을 먹고 사는 거더라
세월도 가 버리면 다시 오지 않고
지금 이 시간도 다시 오지 않지

사람도 마찬가지야
한번 세상을 떠나면
다시 올 수 없잖아
비 오는 날
그날의 우연한 인연이 문득 떠올라
생각에 젖은 미소 짓게 되더라

죽음은 누구에게나 두려운 거잖아
태풍을 만나 파도와
사투를 벌이며 버텨야 할 때도 있어

노을 진 석양의 진달래 향기가 퍼지고
숲속엔 또 다른 색깔의 울림이 있었어
그 자리에 예쁜 꽃이 피었어도
아름다움은 그냥 외칠 수 없는 것이었어

새가 날고
꽃향기 따라 나비가
앉아 있던 날개를 펴고
다시 날아가는 모습처럼
우리 마음에도
장미 한 송이 피어나는 순간이
오고 있는 것 같아

소년의 세레나데

그 소녀는
나에게 말했어

행복해지기 위해
내게 노래 불러 달라고
살짝 속삭이더라

모든 게
마치 꿈속 같대

이건 오직
나만의 소녀를 위한
달콤한 세레나데야

그냥 마음이
정말 감미롭게
녹아버릴 것처럼
애절하게

날 위해
불러 달래

인생은 봄

세월도 흐르고 사람도
이 순간들이 지나가면
또다시 올까

아름다운 새들이 날고
꽃에 벌들이 앉아서
꽃 안의 꿀을 먹으면서
향기에 취해 있는 모습을 보면
참 평화롭고 활기차더라

바쁜 꿀벌들은
항상 웃고 있는 것 같아
작은 몸으로 쉬지도 않고
열심히 움직이고 있으니

이 봄 노을 진 석양 아래
예쁜 꽃들에서의 향기와
아름다움의 절정은
진짜 말로 다 표현 못하겠더라

세월

세월은 말이 없구나
그저 어느 날
시간이 흘렀구나 싶으면
어느새 황혼이고
죽음이 문턱까지 와 있더라

인생이 너무 허무하고
메말라도 우린 이겨 내야 해

차근차근 천천히 살다 보면
세월의 훈장인 주름살이 남고
병마와 싸우는 고통이
남아 있을 뿐이야

세월은 정말 말이 없어
그저 인내와 고통을
버티고 이겨 내야
내일을 맞이할 수 있지

은행잎

노란 은행잎이
누렇게 변하잖아
인간들도 나이가 들어
조금씩 늙어 가면서
생김새 또한 변하더라
은행잎처럼 색이
바래는 거지

인생도 마지막이 되면
벌거벗은 나무의
잎새가 떨어지듯
조금씩 사라져 가는 거야

허무하고 외롭게
이 세상을 떠나는 거지
서서히

제3부

희망의 불씨가 되어

샛별

어둑어둑한 밤이 좀 됐어
하늘 아래 새벽별 하나가
뭐가 그리 아름답고 환한지
유독 반짝반짝 빛이 나네

그건 바로 별들 중에서도
가장 빛나는 샛별이래

우리 인간들도
그 무엇보다 더 반짝이는
저 샛별처럼

이 세상을
환하게 비춰주는
빛나는 그런 삶을
살았으면 좋겠다는
생각이 들어

장미

5월이면 떠오르는 장미
계절의 여왕이야

꽃 중의 꽃
장미는 이 세상에서
가장 아름다운 꽃이야

근데 아름다운 꽃 내면에는
아픔이 있더라고

가시 사이에서 피는 꽃이니
얼마나 아름다운 꽃인가

인간도 마찬가지야
많은 어려움을 극복한 자가
결국은 제대로 숭고하게
피어오르잖아

추억의 눈물

빛바랜 가지 사이로
추억을 떠올린 적 있어
난 그럴 때 꼭 눈물을 흘리곤 해

그것은 자기만이 간직하는
비밀스러운 아픔이야

쓰디쓰고 아린
눈물이야말로
이 세상을 살아가야만 될
버팀목이 아닐까

오늘도
여리고 상처받았던
나에게 얘기해

그 눈물이 있었기에
아픔을
이겨 낼 수 있었던 거야

희망의 불씨가 되어

때론
사는 게 울적할 때도 있고
아프고 괴로울 때도 있지

힘들어도
사랑이라는 운명 앞에
너무 나쁘거나
부정적으로 보지 말고
하나의 예쁜 삶으로
바라보면 어떨까

그래서
누군가에겐
아름다운 희망의
불씨가 되어야 하지 않을까

딸과의 약속

우리 엄마는 나하고
단 한 가지 약속을 했어

내가 떠나는 날 울지 말라고
네가 울면 엄마는
이 세상을 못 떠난다고

난 3년 전부터
그 약속을 지키지 못했어

지금은
우리 엄마와의 단 한 가지
약속을 꼭 지키려 해

나에게 진심 어린
말을 하며 떠나가셨거든

그 약속 가슴속에 새기고
꼭 지켜야 해

사랑의 속삭임

귓가에 스며오는 달콤한
그대의 사랑스러운 속삭임
고요히 밀려오는 자그마한
그대의 포근한 속삭임은
내 마음을 설레게 해

숨죽이듯
조용히 내게 들려주는
그대의 속삭임은
여전히 날 울려

사랑의 속삭임은
현재 진행형이야

노을

외로움 던져 준 이 밤

처량하기 그지없는 귀뚜라미 울음소리

노란 석양은 벼 이삭에 물들고

어렴풋이 떠오르는 빨간 코트 아가씨

사랑이라는 아픔 속에서

사랑이라는 것은 아픔이야
눈물조차 흘릴 수 없어

그때 그 미소 그 손길 하나하나
다시 안아볼 수 있다면
참 행복 아닐까

누군가는 그 아픈 사랑이
초라하다거나 손가락질했던
사랑이었을 거야
그러나 너와 나의 사랑은
진정한 사랑이었잖아

하나밖에 없던 우리
둘만의 아름다웠던 순간이었지

기억나?
조금은 아쉽고 쓸쓸했던
바람과 같던 사랑이었을지도 모르지만
그 바람
가슴속에서 영원히 간직하며 살아갈게

나무

비바람도 견디고
눈보라도 맞고
태풍에 시달리고
폭우에도 흠뻑 젖고
벼락까지 맞으며
한 그루의 꿋꿋한 나무가 자라더라
결국 아름다운 열매를 맺었지

인간도 마찬가지 아니야
나무처럼 온갖 시련을 겪으면서
비로소 올바른 한 인간이 되는 거지
우리 인생 결코 쉽지만은 않잖아

그래도 우리 말이야
일어나자
이겨내자
힘내자

그렇게 살다 보면 나무처럼
꿋꿋하고 빛나는 인생이 되겠지

동백꽃

엄마의 자그마한 눈에
가시꽃이 피었어
숨기려 해도 숨겨지지가 않아

아버지에 대한 원망과 분노
눈물로 삼킨
엄마의 가슴속에
아버지에 대한 한이
서리꽃으로 물들었어

평생을 가장으로서 고생만 하신 엄마
자식들은 엄마의 고충을 모르고
누구 하나 제대로
잘 들여다보지 않았어

그 온갖 고난 역경을 다 견딘
엄마의 마지막 두 눈 속에
붉디붉은 동백꽃이 피었어
그 얼굴이
참 곱고 아름다웠어

소녀의 마음

꽃다발 한 아름
안겨 주는 소녀

나만을 위한
세레나데

마음 가득
고백의 꽃임을 알아

소녀의 가슴을 파랗게 멍들이는
감미로운 세레나데

세월 2

세월은 무의미하게
흘러가는 것 같아도
누군가에겐 그 시간들이
아픔을 버티게 해 주는 존재이고
또 누군가에겐 삶의 희망을
다가오게 만드는 기적 같은 거야

그럼 나에겐 뭘까
다시 만날 수 없는
소중한 시간의 연속이었고
지나고 되돌아 회상해 보면
보석보다 더 귀중한 숨결이었어
놓치고 싶지 않는 매 순간 순간들
꼭 붙잡고 싶은 그리운 시간들이었지

벚꽃

봄 향기 물씬 묻어나는
함박눈처럼 하르르
봄바람에 흩날리는 꽃

햇빛 사이로 웅장하게
태양처럼 찬란하게
피어나라 빛나라
봄의 여왕답게

도로 가에 줄 서서
활짝 반기는
이름도 선명하게 외 글자
'벗'
그 신선함 새기며
가슴 깊이 물들여 피우리

갈대

가늘게 늘씬하게
우르르 모여 키 재기 하며
손에 손잡고 노는데
밤바람이라도 마실 오면
서로 몸을 기대고
서걱서걱 팔이 칼날이 되어
칼을 간다
외로워서일까 분해서일까
술 취한 듯 이리저리 흔들리면
사람들도 덩달아 흔들려
겉으로는 괜찮아 보여도
그 마음속엔
허세 욕심
시기 질투가 가득 밴 때문이 아닐까

갈대 마냥
마음도 왔다 갔다 해
선과 악이 공존해
우리네 마음도 그와 같아
줏대 없이 갈대의 모습처럼
흔들리는 존재인지 몰라

준비된 이별

서로가 등을 맞대어
멀어질 때 우린 따스함을
잊어버렸어

말도 없이 빛바랜 이별을
준비한 채 기억 속에서
하나 둘 지워지더라

하루하루 바쁜 나날들 속에서
이별의 모진 시간을
참아내며 견뎌 내는 거야

시간이 지남에 따라
자연스럽게 잊게 되도록
차분하게 자분자분 다짐하는 거지

눈이 내리면

사분사분 눈이 내리면
앳된 모습의 유년 시절로
돌아간 것 같아

사춘기 시절의 철부지같이
가슴이 콩콩 설레며
마음은 그저 황홀지네

눈이 내리면
Love Story의
연인과 함께 그 설원에서
눈 속에서 장난하며
뒹굴던 남녀가 생각나네
사랑스러운 표정과 눈빛으로
서로를 바라보며 행복해하던
장면이 떠올라지네

눈이 내리니
영화 속의 한 장면처럼
하얀 눈 속을 걷는 상상을 해 봐

그냥 순백의 눈이 아름다워서
그것을 연상하며 내 감정도
동요되어 주체할 수 없어
영화의 장면처럼
빨려들어 가는 거지

첫눈

단풍잎이 빨간 손바닥을 펼치며
흔들며 떨어질 때쯤
은행나무도 삼베옷을 갈아입고
가을도 안녕이라고 인사하면
겨울이 이내 문턱에서 쓸쓸히
웃고 있더라

첫눈이 내리면
온 산야가 소복을 하고
지나간 모진 나날들 덮어주며
온 세상을 새롭게 향하자고
꿈의 나래를 펼치더라

하얗게 소리 없이
수북이 쌓여 주면
스멀스멀 첫사랑 추억이
되살아나 그 시절을
회상하며 가슴서랍에서
살며시 연서를 꺼내 보아야지
지난날은 돌이킬 수 없어

모두가 아름다운 추억의
한 장면이라서
반짝이며 빛나는 보석 같아

앙상한 겨울나무

겨울에는
사람들도 두껍게 옷을 입고
짐승들도 털을 키우고
기름진 음식으로 겨울을 이기려
월동준비를 하는데

나무들을 보라
감싸던 이파리들도
모두 떨어지고
곡기는 중단되고

눈보라 모진 바람만 휘날리는데
그저 새 봄날의 꿈을 향하여
참고 견디는 거지
잎도 없이 그냥
추위를 이기는 거지

냉혹한 비바람에
손가락 같은 잔가지 부러지고
팔뚝 같은 큰 가지도 다쳐

거칠게 숨을 몰아쉬면서도
푸른 봄 푸릇푸릇 새싹 돋는 날을
기다리며 오늘도 굳건하게
온몸 푸르게 돋아날 날 기다리리

현재는 절박하고 초라해 보여도
나무는 해마다 순이 돋고
꽃이 피며 열매 맺는 결실의
꿈에 젖어 오늘도 묵묵하게
이겨내는데

사람도 사계절 돌고 돌아
계절의 흐름에 순응하며
그저 참고 이겨내는거지

마지막 잎새

가을이 남기고 간
앙상한 겨울나무 가지에
덜렁 매달려 있는
나뭇잎 하나

메마른 잎사귀는 뭐가
그리 떨어지기 싫은가
무엇인가 한마디 남기고자
끝까지 버티려고 애쓰는 거지

우리 인생도 떠나가는 게 싫고
언젠가는 잎새처럼
말없이 사라져

아쉬움 가득 담고
어찌 보면 모두 잊어보겠다고
그냥 그렇게 허공을 붙잡고 있는
처연한 네 모습에
내 마음도 무심해 지더라

제4부

어머니의 주름

마음의 흔적

세월이 가면 흔적은
있는 줄 알았어
죽음 앞에서는
세상에 언제 왔냐는 듯
사라지더라

왜 인간은 세상에 와서
아무런 자취도 없이
사라져 버릴까
다시는 오지도 못하고
이상하게 무의미하게
이별을 하며 살아갈까

저 별들을 바라보며
조용히 떠난 사람들을 생각하며
별들은 속삭이듯 말해 주는 것 같아
흔적은 바로 제 마음 속에 있다고

눈 오는 날의 약속

밤하늘에 조용히 희게 숨을 쉬며
소복소복 그렇게 내려

눈을 바라보며
왠지 겨울날의 추억이 생각나더라
우린 약속했지

겨울날 소복이 쌓인
눈이 예쁘면 만나자고

우린 사랑도 약속도 지키지 못했어
그 겨울 눈은 녹아버렸어
한 편의 겨울 속
동화 같은 비련의 주인공처럼

역경은 선물

인생 그냥 술술 풀릴 줄 알았지
그건 아닌 것 같애
막히고 꼬이고
짚신처럼 엉키고 실타래처럼 설키고
별별 일 다 있더라고

포기하고 싶을 때
한두 번이 아니었지
그러나 어쩌겠어
마음 다잡고
훌훌 털고 다시 걷는 거야

그게 인생사 아니겠어
넘어지고 자빠져도
버티다 보면
어느 순간
아 내가 잘했구나 싶어

그때 느끼는 수많은 고통과
고생 끝에 역경을 이겨 낸
최고의 선물 그 자체지

홀로 핀 민들레

척박한 돌 틈 사이로
혼자 피어 있는 민들레 하나
홀로 외로움을 당연하게 받아내며
스스로 심취되어 있는 것 같아

누군가 짓밟고
아프게 하고 지나가도
그 자리에 꿋꿋이 버티며
순정을 지키려는 신념이 있어

혼자라도 그냥
가만히
그리고 또
영원히 스스로 이겨내는거야

대청댐

대청댐 물
푸르고 푸른데
노는 물고기 하나 없네

흘러가는 아름다운 물결 속에
그저 슬픈 고독이 아른거릴 뿐
누구도 알아주지 않네

내 품에 안겼을 때만 내 것일 뿐
허탈하고 쓸쓸한 저녁노을인 양
달랠 길 없구나

대청댐 맑은 물 아래
밝은 달만 노닐고 있네

가을이 남긴 교훈

가을이 무르익으면
나뭇잎은 흔들리다가
바람과 함께 한 잎 두 잎 떨어져
가볍게 툭툭 아무 말이 없어
그저 바스락거리며 흩날리는
소리와 함께 조용히 자취만
남기고 사라질 뿐이야

낙엽은 말하는 것 같애
봄날의 새싹 여린 잎은
여름이면 푸른 떡잎으로
짙푸르게 그늘을 드리우고

그리고 땡볕에 몸통을 키우다가
가을이 되면
오색단풍으로 치장을 하여
무릇 사람들을 즐겁게 하고
눈물방울처럼 하나 둘 떨어져
제 할 일 다했다고
조용히 외롭게 간다고 하네

나무들도 저러한데
사람들은 무엇을 어떻게 하고
떠나는 걸까
혹여 욕심만 키우다가
허망하게 떠나는 걸까

사랑의 기쁨

사랑의 기쁨이
차고도 넘쳐흘러
말할 수조차 없이
가슴 벅차고 희열이 가득해

때론 서로가
사랑에 목말라 할 때도 있어
그러나 우리 사랑은
기쁘고 변함없는
그 사랑 자체야

사랑이란
어느 순간 무너져내릴 때도 있지
하지만 또
회복되는 기쁨을 안겨 주지

나에게 사랑은
나팔꽃 같은 희망과 열정을
안겨 주고 있어

언제나 늘 나를 지켜 주며
불사조 같은
살아나는 사랑을
심어주는 거야

어머니의 주름

어머니 눈가에
밭이랑 같은 주름이
살짝살짝 소식 없이 생겼네

그 안엔 세월의 흐름을
막을 수 없었는지
주름 속엔 수시로 내 이름을 불렀던
나날의 흔적들이 배어 있었지

이마엔 새벽같이 일어난 세월이
온몸에 자글자글 박혀
그렇게 주름이 되지 않았을까 싶어
그 주름들은 자식들을 헌신적으로
품어 준 세월의 증표인 거야

어머니는 그저 세월이
야속하다고 표 내지 않았어
살아가는 시간이 조용하고 살포시

이마에 남았을 뿐이라고
파인 주름살을 만지며
빙그레 웃으셨지

실개천

어두운 밤
나무 아래
줄을 선 조명들이 반짝이며
물 위에 비추어

차들이 멀리
경적을 울리는 소리에도
물결은 그냥 그대로 은은히 흘러가

흐르는 물결 속에
어린 시절 뛰며 놀던
맑은 실개천의 추억이
생생하게 기억나게 하고 있어

그때 그 유년시절 물장구치며
천진난만하게 뛰놀았는데

시대는 흘러 중년의 가슴에
도시의 소음 속에서도
조용히 흐르는 물길이
내 마음을 안정되고
따뜻하게 살며시 감싸주네

봄의 소식

아지랑이 가물가물
피어오르는
만물이 소생하는 봄이
진정 왔나 보다

산속엔
울긋불긋 진달래가
꽃불을 놓고
여기저기서
온갖 꽃들이
기지개를 켜듯
활짝 웃음꽃을 피우고 있어

산새들은
자기들이 최고의 마술사인 양
여기저기 날갯짓하며
먹이를 찾느라 바쁘네

봄 봄 봄

이제 봄 속으로 여행을 다니며
마음이 들뜨게
재미있게 놀아보면 어떠리

가을이 다가오잖아

가을이 다가오잖아
낙엽은 흔들리다가
바람과 함께
한 잎 두 잎 떨어져
가볍게 툭툭 아무 말이 없어
그저 바스락거리며 흩날리는
소리와 함께 조용히 발자취
흔적만 남기고 사라질 뿐이야
근데 낙엽은 말하는 것 같애
외롭게 왔다가
조용히 외롭게 가라고

너와 나

어느 누가 알아주리
너와 나의 아름답던
추억 속의 시간들을

어느덧 세월이 흘러
검은 머리카락엔
하얀 눈이 내리고
눈에는 뿌연 안개마저
보이는지 뿔테 안경을 쓰고
세상을 바라보네

예전엔
젊음과 패기가 넘쳐흘렀지만
지금의 너와 나는
세월의 주름만이
흔적으로 남아 있을 뿐

소중했던 추억만을
간직한 채
오늘도 하루를
쉼 없이 달려간다

가을 속의 빛바랜 이별

붉은 물 노란 물이
빛바래질 때 우린 조용히
약속했지

다음 해에 만날 때는
낙엽이 하나둘 떨어질 때
가을빛 추억에 잠겨
서로를 그리워하자고

하지만 나무가 벌거벗을 때쯤엔
세월의 무던함에
모든 걸 잊고
가슴속에서 조용히
잊히겠지

그저 한 편의
아름다운 가을 속의
빛바랜 희미한 추억으로

엄마의 수박

넉넉지 않은 엄마의
빛바랜 빨간 지갑 안에서
고이고이 꾸겨진 쌈짓돈을 움켜쥐고
좋지 않은 먼 데까지
눈물 어린 과일을 사 들고 왔어

나를 위해 모든 걸 마다하지 않고
한걸음에 달려와 수박을 잘라 주던
따뜻한 손이 기억나

철없던 나는 사랑의 열병을 앓고 있어서
사람들의 차가운 시선이
두렵고 무서웠었어

그런 엄마가 나한테는
유일한 하나뿐인 내 편이었어

지금도 엄마 생각하면
가슴이 뜨거워지고 뭉클하며
자꾸만 눈물이 나와

갈대의 순정

갈대는 순정이 있는 걸까
이리 흔들 저리 흔들
소슬바람에도 마구 흔들려

바람 부는 날이면
세차게 흔들거리고
안 불면 안 부는 대로
고개 푹 숙이며
지 멋대로 이리 흔들,
저리 흔들 계속 흔들려

그래서 갈대의 순정은 없어
인간에게조차 이제
순정은 사라지는 것 같아

옛 추억 속
한 편의
드라마같이